olho de onça

BICHO BRASILEIRO

```
Dados Internacionais de Catalogação na Publicação (CIP)
Angélica Ilacqua CRB-8/7057

Bevilacqua, Martha
    Olho de onça : bicho brasileiro / Martha
Bevilacqua. -- 1. ed. -- Barueri, SP : Girassol,
2023.
    48 p. : il., color.

    ISBN 978-65-5530-636-1

    1. Literatura infantojuvenil 2. Animais - Brasil
3. Emoções I. Título

23-4229                                      CDD-028.5
```

Índices para catálogo sistemático:
1. Literatura infantil   028.5

© 2023 do texto e das ilustrações por Martha Bevilacqua
1ª edição, 2023

Publicado por
GIRASSOL BRASIL EDIÇÕES LTDA.
Av. Copacabana, 325, Sala 1301, 18 do Forte
Alphaville – Barueri – SP – 06472-001
leitor@girassolbrasil.com.br
www.girassolbrasil.com.br

Direção editorial: Karine Gonçalves Pansa
Coordenadora editorial: Carolina Cespedes
Projeto gráfico e diagramação: Martha Bevilacqua e Thiago Nieri
Assistentes editoriais: Laura Camanho e Leticia Dallacqua
Revisão: Ricardo N. Barreiros

Impresso no Brasil

É vedada a reprodução deste conteúdo sem prévia autorização do autor.
Todos os direitos reservados.

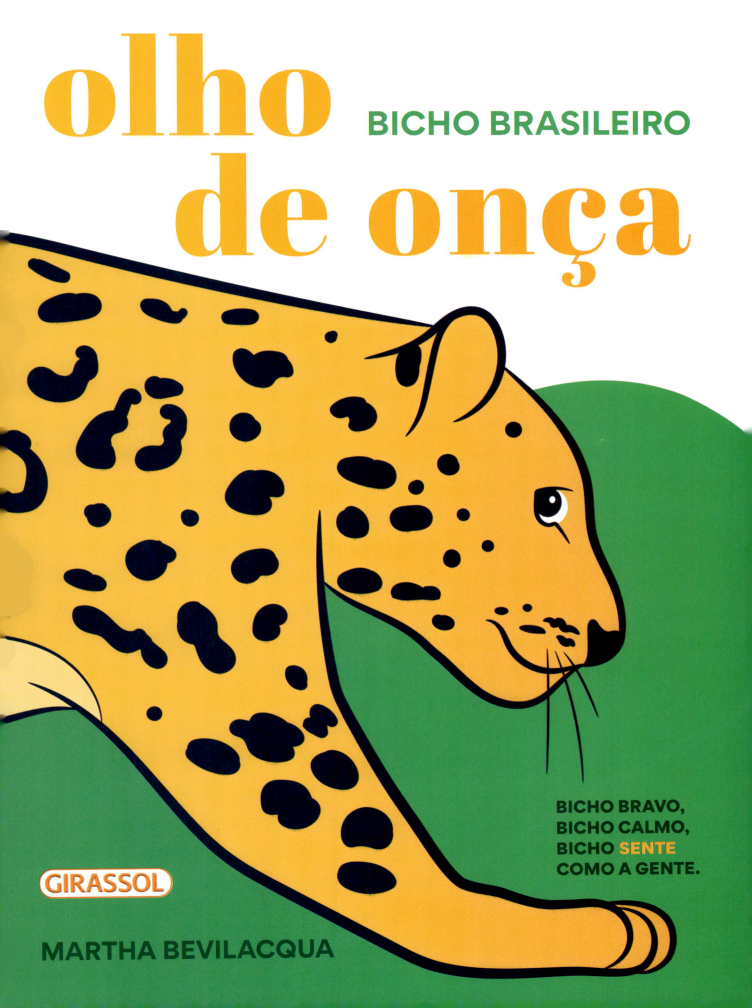

O que tem escondido dentro da floresta?

ÁRVORES GRANDES E PEQUENAS. FRUTOS SABOROSOS. FLORES EXÓTICAS. E MUITOS BICHOS DE TODAS AS FORMAS, CORES E TAMANHOS.
TUDO VIVE EM PERFEITA HARMONIA! A BICHARADA PRECISA DA FLORESTA PARA SOBREVIVER E A FLORESTA PRECISA DA BICHARADA PARA SE RENOVAR.
MAS POR QUE SERÁ QUE OS BICHOS ESTÃO DE OLHO NA GENTE?

Porque as nossas florestas estão desaparecendo...

O BICHO BRASILEIRO ESTÁ SEM ALIMENTO PARA COMER E SEM CASA PARA MORAR. ALGUNS BICHOS ESTÃO ASSUSTADOS E MEDROSOS; OUTROS, CHATEADOS E TRISTES. BICHO SENTE COMO A GENTE...
O QUE PODEMOS FAZER PARA MUDAR ESSA SITUAÇÃO? PROTEGER A FLORESTA E RESPEITAR A NATUREZA!
MAS, PARA AJUDAR, É PRECISO CONHECER...

VAMOS ENTÃO EXPLORAR A FLORESTA E OS

bichos brasileiros

ariranha

POSSUO UMA MEMBRANA ENTRE OS DEDOS QUE PARECE UM PÉ DE PATO. POR ISSO, NADO MUITO BEM! VIVO NA BEIRA DOS RIOS DA FLORESTA AMAZÔNICA. MAS, CUIDADO, SOU UM ANIMAL CARNÍVORO! ESTOU SEMPRE COM UM PEIXE PENDURADO NA BOCA.

SINTO-ME **ANSIOSA** QUANDO NÃO SEI O QUE VAI ACONTECER. E SE O LAGO SECAR E A COMIDA ACABAR?

- **GRUPO:** VERTEBRADO
- **CLASSIFICAÇÃO:** MAMÍFERO
- **ALIMENTAÇÃO:** PEIXES, MOLUSCOS, CRUSTÁCEOS E PEQUENOS VERTEBRADOS
- **TAMANHO:** ATÉ 1,8 M
- **PESO:** ATÉ 30 KG
- **HÁBITAT:** NOS RIO E LAGOS DA BACIA AMAZÔNICA E NO PANTANAL

porco-
-espinho

SOU UM ANIMAL SOLITÁRIO, GOSTO DE FICAR SOZINHO. DURANTE O DIA, DURMO NO TOPO DAS ÁRVORES. AO ANOITECER, SAIO EM BUSCA DE ALIMENTO. QUANDO ME SINTO AMEAÇADO, BALANÇO TODO O CORPO SOLTANDO ESPINHOS QUE PODEM MEDIR ATÉ 10 CM DE COMPRIMENTO!

SINTO-ME ASSUSTADO QUANDO AS ÁRVORES ONDE GOSTO DE DORMIR VÃO PARAR NO CHÃO.

- **GRUPO:** VERTEBRADO
- **CLASSIFICAÇÃO:** MAMÍFERO
- **ALIMENTAÇÃO:** FOLHAS, FRUTOS, CAULES, RAÍZES E SEMENTES
- **TAMANHO:** ENTRE 30 E 60 CM
- **PESO:** CERCA DE 4 KG
- **HÁBITAT:** NAS FLORESTAS TROPICAIS E BOSQUES

cobra- -verde

VIVO ENROLADA NOS GALHOS DAS ÁRVORES À ESPERA DE SAPOS, RÃS E PERERECAS. DE VEZ EM QUANDO, GOSTO DE ME ARRASTAR PELO CHÃO. SOU VENENOSA E MUITO RÁPIDA! POR ISSO, SE ME ECONTRAR POR AÍ, NÃO BRINQUE COMIGO, NÃO.

SINTO-ME ENROLADA QUANDO NÃO CONSIGO RESOLVER UM PROBLEMA. SE NÃO CHOVER, COMO VAMOS SOBREVIVER?

GRUPO: VERTEBRADO

CLASSIFICAÇÃO: RÉPTIL

ALIMENTAÇÃO: SAPOS, PEQUENAS AVES E LAGARTOS

TAMANHO: CERCA DE 1,5 M

PESO: VARIA ENTRE 100 E 200 G

HÁBITAT: NAS FLORESTAS TROPICAIS DA MATA ATLÂNTICA

macaco bugio

SOU MUITO BARULHENTO, TODA A FLORESTA CONSEGUE ME OUVIR. GRITO ALTO PARA AVISAR QUE TEM INTRUSO NA ÁREA. QUANDO UM GRUPO DE MACACOS GRITA, OUTRO GRUPO RESPONDE. FAZEMOS ISSO PELA MANHÃ E NO FINAL DA TARDE.

SINTO-ME MEDROSO QUANDO GRITO SOZINHO NO MEIO DA MATA E NINGUÉM RESPONDE.

GRUPO: VERTEBRADO

CLASSIFICAÇÃO: MAMÍFERO

ALIMENTAÇÃO: FOLHAS E FRUTOS

TAMANHO: DE 90 CM A 1,2 M

PESO: VARIA ENTRE 4 E 7 KG

HÁBITAT: NAS FLORESTAS TROPICAIS DA MATA ATLÂNTICA

capivara

VOCÊ SABIA QUE SOU O MAIOR ROEDOR DO MUNDO? AINDA ASSIM, SOU UM ANIMAL CALMO E MANSO. GOSTO DE VIVER EM BANDOS NA BEIRA DE RIOS, LAGOS E REPRESAS. ADORO COMER GRAMA, CASCA DE ÁRVORES E PLANTAS AQUÁTICAS. QUANDO ALGUM ANIMAL SE APROXIMA, CORRO PARA A ÁGUA PARA ME ESCONDER. MERGULHO O CORPO TODO, DEIXANDO APENAS OS OLHOS E O FOCINHO DE FORA!

GRUPO: VERTEBRADO

CLASSIFICAÇÃO: MAMÍFERO

ALIMENTAÇÃO: CAPIM, GRAMA, ERVAS E VEGETAÇÃO AQUÁTICA

TAMANHO: CERCA DE 1,2 M

PESO: ENTRE 20 E 80 KG

HÁBITAT: NAS MARGENS DE RIOS, LAGOS E REPRESAS

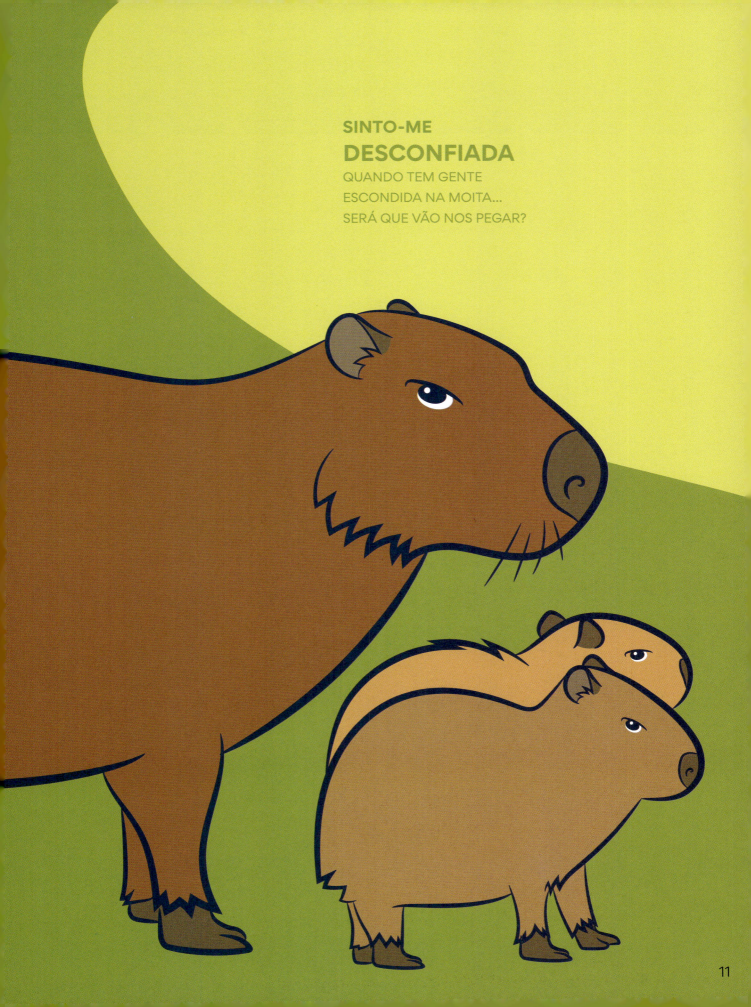

SINTO-ME FRUSTRADO QUANDO DESCUBRO QUE A MINHA COMIDA É DE PLÁSTICO.

VIVO NOS RIOS, AÇUDES E REPRESAS. SOU UM PEIXE RÁPIDO E FORTE. GOSTO DE COMER PEIXES, CAMARÕES E INSETOS CAÍDOS NA ÁGUA. QUANDO APARECE UMA PRESA, INICIO UMA LONGA PERSEGUIÇÃO... NÃO DESISTO ATÉ CONSEGUIR CAPTURÁ-LA!

tucunaré

GRUPO: VERTEBRADO

CLASSIFICAÇÃO: PEIXE

ALIMENTAÇÃO: OUTROS PEIXES E CAMARÕES

TAMANHO: CERCA DE 1,2 M

PESO: CERCA DE 16 KG

HÁBITAT: NOS RIOS DO PANTANAL E DAS BACIAS AMAZÔNICA E DO SÃO FRANCISCO

siriema

SOU FAMOSA POR SER UMA CAÇADORA DE COBRAS IMBATÍVEL! GOSTO MAIS DE CORRER DO QUE DE VOAR. VIVO EM PARES E GRITO ALTO POR VÁRIOS MINUTOS SEM PARAR. TENHO UMA CRISTA COM PENAS LONGAS NA CABEÇA QUE PARECE ATÉ UMA COROA.

SINTO-ME IRRITADA QUANDO CORREM ATRÁS DE MIM! COMEÇO A GRITAR: "PAREM JÁ COM ISSO!"

GRUPO: VERTEBRADO

CLASSIFICAÇÃO: AVE

ALIMENTAÇÃO: PEQUENOS VERTEBRADOS E GRÃOS (MILHO E FEIJÃO)

TAMANHO: CERCA DE 70 CM

PESO: ATÉ 1,4 KG

HÁBITAT: NOS CERRADOS, CAMPOS E PASTAGENS

macaco-
-aranha

TENHO OS MEMBROS MAIORES QUE O TRONCO. SOU UM MACACO, MAS PAREÇO UMA ARANHA! MORO NO TOPO DAS ÁRVORES E NÃO GOSTO DE IR PARA O CHÃO. PULO DE GALHO EM GALHO COM A AJUDA DA MINHA ENORME CAUDA.

SINTO-ME **APAVORADO** QUANDO ESCUTO BARULHO DE SERRA CORTANDO AS ÁRVORES DA MATA.

GRUPO: VERTEBRADO

CLASSIFICAÇÃO: MAMÍFERO

ALIMENTAÇÃO: INSETOS, FOLHAS, FRUTOS E CASCAS DAS ÁRVORES

TAMANHO: ATÉ 90 CM

PESO: ENTRE 6 E 8 KG

HÁBITAT: NAS FLORESTAS TROPICAIS DA AMAZÔNIA

jaguatirica

SINTO-ME ZANGADA QUANDO QUEREM ME PEGAR PARA FAZER CASACO DE PELE.

SOU MAIOR DO QUE UM GATO E MENOR DO QUE UMA ONÇA. SOU UMA JAGUATIRICA! TENHO UMA LINDA PELAGEM DOURADA COM MANCHAS PRETAS. DURMO DE DIA E CAÇO À NOITE. CAMINHO DEVAGAR PELA MATA À ESPERA DE UMA PRESA.

GRUPO: VERTEBRADO

CLASSIFICAÇÃO: MAMÍFERO

ALIMENTAÇÃO: OUTROS MAMÍFEROS, PEIXES, RÉPTEIS E AVES

TAMANHO: COM A CAUDA ATÉ 1,4 M

PESO: VARIA ENTRE 7 E 16 KG

HÁBITAT: NAS FLORESTAS TROPICAIS, PANTANAL, CAATINGA, CERRADO E MANGUEZAIS

anta

**SINTO-ME
INVEJOSO**
QUANDO DÃO COMIDA PARA OUTROS BICHOS!

POSSO ALCANÇAR 2 METROS DE COMPRIMENTO E PESAR ATÉ 300 QUILOS. SOU O MAIOR MAMÍFERO TERRESTRE DO BRASIL! COM MINHA PEQUENA TROMBA CONSIGO PEGAR FRUTOS E FOLHAS. ANDO MUITO, COMO MUITO E FAÇO MUITO COCÔ CHEIO DE SEMENTES! COM ISSO, NOVAS ÁRVORES CRESCEM, MANTENDO A FLORESTA VIVA.

GRUPO: VERTEBRADO

CLASSIFICAÇÃO: MAMÍFERO

ALIMENTAÇÃO: FRUTAS, FLORES E FOLHAS

TAMANHO: CERCA DE 2 M

PESO: ATÉ 300 KG

HÁBITAT: NAS FLORESTAS TROPICAIS DA AMAZÔNIA, DO PANTANAL E DA MATA ATLÂNTICA

SINTO-ME RAIVOSA QUANDO DESTROEM O MEU HÁBITAT. ESTOU NO MEU LIMITE!

piranha

- **GRUPO:** VERTEBRADO
- **CLASSIFICAÇÃO:** PEIXE
- **ALIMENTAÇÃO:** PEIXES MENORES, CRUSTÁCEOS, RÉPTEIS E MAMÍFEROS
- **TAMANHO:** CERCA DE 25 CM
- **PESO:** CERCA DE 250 G
- **HÁBITAT:** NOS RIOS E LAGOAS DAS BACIAS AMAZÔNICA, ARAGUAIA-TOCANTINS E DO SÃO FRANCISCO

APESAR DE SER PEQUENA, TENHO UMA MORDIDA E TANTO. MINHA MANDÍBULA É MUITO FORTE! TENHO DENTES EM FORMA DE TRIÂNGULOS AFIADOS COMO NAVALHAS. VIVEMOS EM CARDUMES E CAÇAMOS EM GRUPO. SOMOS CAPAZES DE DEVORAR UM BOI EM MINUTOS.

jacaré-açu

SOU CONHECIDO TAMBÉM COMO JACARÉ-GIGANTE. SOU O MAIOR DE TODOS OS JACARÉS. POSSO ALCANÇAR ATÉ 6 METROS DE COMPRIMENTO E VIVER ATÉ OS 100 ANOS! MORO NA AMAZÔNIA, NA BEIRA DE RIOS E LAGOS.
QUANDO ESTOU NA ÁGUA, FICO SÓ COM O FOCINHO E OS OLHOS DE FORA. ESTOU SEMPRE PRONTO PARA ATACAR. GOSTO DE COMER AVES, MAMÍFEROS E PEIXES, INCLUSIVE A PIRANHA!

SINTO-ME HISTÉRICO QUANDO OS LAGOS ESTÃO SECOS E NÃO CONSIGO ALIMENTO PARA O MEU JANTAR!

- **GRUPO:** VERTEBRADO
- **CLASSIFICAÇÃO:** RÉPTIL
- **ALIMENTAÇÃO:** PEIXES, AVES E MAMÍFEROS
- **TAMANHO:** ATÉ 6 M
- **PESO:** ATÉ 300 KG
- **HÁBITAT:** NOS RIOS E LAGOS DA BACIA AMAZÔNICA

tatu-bola

ATÉ GOSTO DE VIVER SOZINHO, MAS COMPARTILHO O TERRITÓRIO COM OUTROS TATUS. QUANDO ESCUTO UM BARULHO, ME ENROLO RAPIDAMENTE EM FORMATO DE BOLA. ENCAIXO CORPO, CABEÇA, RABO E PATAS NA MINHA FORTE CARAPAÇA.
SE ME ENCONTRAR POR AÍ, CUIDADO PARA NÃO ME CONFUNDIR COM UMA BOLA DE FUTEBOL!

SINTO-ME **ENVERGONHADO** QUANDO NÃO CONHEÇO NINGUÉM. SERÁ QUE LEVARAM OS TATUS-BOLAS DAQUI?

GRUPO: VERTEBRADO

CLASSIFICAÇÃO: MAMÍFERO

ALIMENTAÇÃO: FORMIGAS, CUPINS, MINHOCAS, RAÍZES E FRUTOS

TAMANHO: CERCA DE 30 CM

PESO: ENTRE 1 E 1,8 KG

HÁBITAT: NA CAATINGA E NO CERRADO

SINTO-ME EMBURRADO QUANDO ME COLOCAM EM UM AQUÁRIO COMO UM BICHO DE ESTIMAÇÃO.

sapo-boi--azul

NUNCA TOQUE EM UM SAPO AZUL METÁLICO. SOU MUITO PEQUENO, MAS TENHO UM VENENO PODEROSO! A COR EXÓTICA SERVE PARA INDICAR PERIGO AOS PREDADORES. POR ISSO, FIQUE LONGE DE MIM! VIVO LÁ NO EXTREMO NORTE DO BRASIL, NO ESTADO DO PARÁ. VENHA UM DIA ME VISITAR!

GRUPO: VERTEBRADO

CLASSIFICAÇÃO: ANFÍBIO

ALIMENTAÇÃO: FORMIGAS, MOSCAS E LAGARTAS

TAMANHO: CERCA DE 4 CM

PESO: ENTRE 4 E 10 G

HÁBITAT: NAS FLORESTAS TROPICAIS DO EXTREMO NORTE DO BRASIL

SINTO-ME DOENTE
QUANDO DURMO NA CHUVA...
JÁ NÃO ENCONTRO LOCAL
PARA ME ABRIGAR.

veado--campeiro

SOU UM BICHO DE EXTREMA BELEZA. VIVO NOS CAMPOS DO SUL DO BRASIL. PASSO O DIA PASTANDO EM PEQUENOS GRUPOS. HÁ ALGUNS ANOS, CORRÍAMOS LIVRES, ÉRAMOS MUITOS. ATUALMENTE, ESTAMOS AMEAÇADOS DE EXTINÇÃO PORQUE FOMOS MUITO CAÇADOS PELA NOSSA CARNE, PELE E CHIFRES...

GRUPO: VERTEBRADO

CLASSIFICAÇÃO: MAMÍFERO

ALIMENTAÇÃO: ARBUSTOS, FOLHAS, FLORES E SEMENTES

TAMANHO: CERCA DE 90 CM

PESO: ATÉ 40 KG

HÁBITAT: NOS CAMPOS ABERTOS DO PANTANAL E DO CERRADO

lobo- -guará

TENHO CABEÇA PEQUENA, ORELHAS GRANDES E PERNAS LONGAS. VIVO NOS CAMPOS ABERTOS E POSSO SER VISTO AO ANOITECER. NÃO SOU FEROZ, NEM CARNÍVORO, E SIM ONÍVORO! EU ME ALIMENTO TANTO DE PEQUENOS ANIMAIS COMO DE PLANTAS E FRUTOS.

GRUPO: VERTEBRADO

CLASSIFICAÇÃO: MAMÍFERO

ALIMENTAÇÃO: PEQUENOS ANIMAIS, ROEDORES, TATUS, PERDIZES E FRUTOS

TAMANHO: ATÉ 1,10 M

PESO: CERCA DE 30 KG

HÁBITAT: NOS CAMPOS ABERTOS DO PANTANAL, CERRADO E DOS PAMPAS

SINTO-ME CHATEADO QUANDO DESMATAM OS CAMPOS PARA GRANDES PLANTAÇÕES.

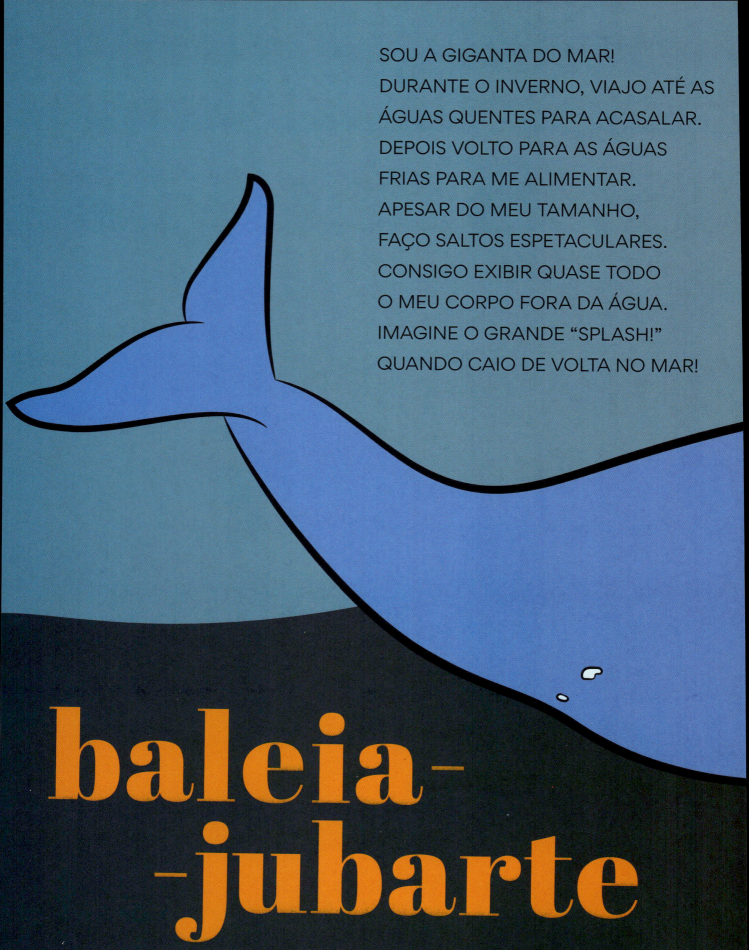

GRUPO: VERTEBRADO

CLASSIFICAÇÃO: MAMÍFERO

ALIMENTAÇÃO: PEQUENOS CRUSTÁCEOS, SARDINHAS E ANCHOVAS

TAMANHO: ATÉ 16 M

PESO: DE 35 A 40 TONELADAS

HÁBITAT: EM ÁGUAS PROFUNDAS DE TODOS OS MARES

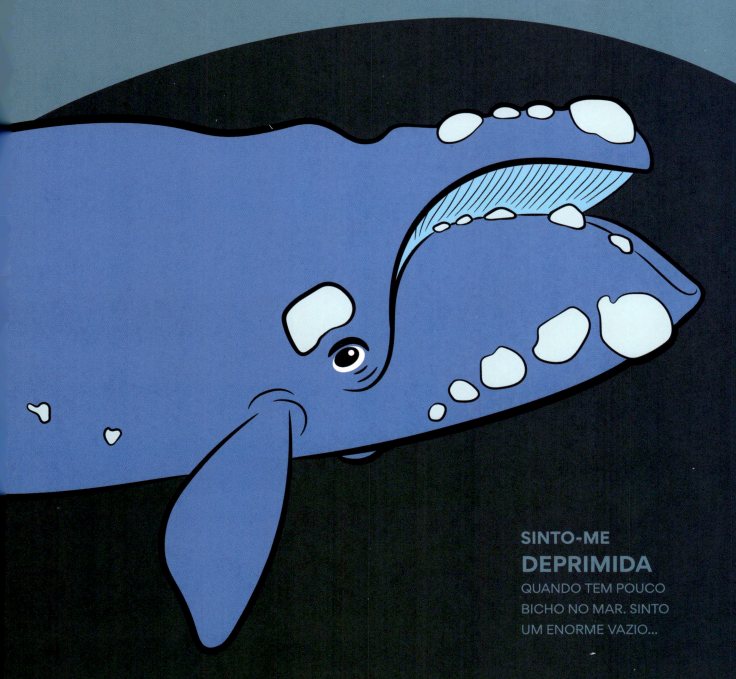

SINTO-ME DEPRIMIDA QUANDO TEM POUCO BICHO NO MAR. SINTO UM ENORME VAZIO...

25

peixe-boi-da-amazônia

O MEU MAIOR PREDADOR É O BICHO-HOMEM... FUI MUITO CAÇADO PELA MINHA CARNE, GORDURA E PELE. HOJE A CAÇA É PROIBIDA! HABITO OS RIOS DA FLORESTA AMAZÔNICA. QUANDO NÃO ESTOU DORMINDO, ESTOU COMENDO. POSSO PASSAR ATÉ 8 HORAS POR DIA CONSUMINDO PLANTAS AQUÁTICAS.

SINTO-ME TRISTE QUANDO HÁ LIXO NOS RIOS. MAL CONSIGO NADAR... FICO COM VONTADE DE CHORAR.

- **GRUPO:** VERTEBRADO
- **CLASSIFICAÇÃO:** MAMÍFERO
- **ALIMENTAÇÃO:** PLANTAS AQUÁTICAS, ALGAS E VEGETAÇÃO DE MANGUE
- **TAMANHO:** CERCA DE 2 M
- **PESO:** CERCA DE 420 KG
- **HÁBITAT:** NOS RIOS DA BACIA AMAZÔNICA

formiga

OLHA O TAMANHO DESTA FOLHA. EU SOU A CORTADEIRA. DEPENDENDO DA ESPÉCIE, CONSIGO CARREGAR DE 20 ATÉ 100 VEZES O PESO DO MEU CORPO! MAS AINDA HÁ AS JARDINEIRAS, QUE CUIDAM DA HORTA, OS SOLDADOS, QUE PROTEGEM A TODOS, E A RAINHA, RESPONSÁVEL PELA REPRODUÇÃO!

SINTO-ME
FORTE
QUANDO COMPLETO UM TRABALHO E COLABORO COM A NATUREZA.

GRUPO: INVERTEBRADO

CLASSIFICAÇÃO: INSETO

ALIMENTAÇÃO: RESTOS DE ANIMAIS MORTOS, FOLHAS E FRUTOS

TAMANHO: DE 2 MM A 4 CM

PESO: DE 5 A 7 MG

HÁBITAT: PODEM HABITAR QUASE TODOS OS AMBIENTES TERRESTRES

onça--pintada

ESTOU NO TOPO DA CADEIA ALIMENTAR, POR ISSO, SOU CHAMADA DE SUPERPREDADORA. MINHA DIETA INCLUI 85 ESPÉCIES DIFERENTES DE ANIMAIS. PODE-SE DIZER: QUALQUER TIPO DE VERTEBRADO TERRESTRE. SOU CAUTELOSA, ATACO MINHAS PRESAS POR CIMA, COM UM SALTO RÁPIDO E CERTEIRO.

SINTO-ME
CONCENTRADA
QUANDO TENHO A DIFÍCIL TAREFA DE PROTEGER A FLORESTA!

GRUPO: VERTEBRADO

CLASSIFICAÇÃO: MAMÍFERO

ALIMENTAÇÃO: VEADOS, CAPIVARAS, MACACOS, ANTAS, TATUS, TAMANDUÁS...

TAMANHO: ENTRE 1,7 E 2,4 M

PESO: CERCA DE 130 KG

HÁBITAT: NA VEGETAÇÃO DENSA DA FLORESTA AMAZÔNICA, DA MATA ATLÂNTICA, DO PANTANAL E DO CERRADO

TENHO UM BICO ESPETACULAR QUE PODE ALCANÇAR ATÉ 20 CM DE COMPRIMENTO. É COLORIDO, LONGO, LEVE E CORTANTE. PERFEITO PARA PARTIR MINHA COMIDA PREDILETA: FRUTOS E SEMENTES. VIVEMOS E DORMIMOS EM BANDOS, MAS GOSTO DE VOAR SOZINHO OU COM MEU PAR.

tucano

SINTO-ME
CORAJOSO
QUANDO TENHO UM DESAFIO. PRECISO DESCOBRIR COMO PROTEGER MEU NINHO.

GRUPO: VERTEBRADO

CLASSIFICAÇÃO: AVE

ALIMENTAÇÃO: FRUTOS DE DIVERSOS TIPOS, INSETOS, OVOS E FILHOTES DE OUTRAS AVES

TAMANHO: CERCA DE 56 CM

PESO: ATÉ 540 G

HÁBITAT: NAS FLORESTAS TROPICAIS DA MATA ATLÂNTICA E ATÉ NO CERRADO

tartaruga marinha

VOCÊ SABIA QUE VOLTO À MESMA PRAIA EM QUE NASCI PARA COLOCAR MEUS OVOS? CONSTRUO MEU NINHO CAVANDO UM GRANDE BURACO NA AREIA. DEPOIS DE 2 MESES, OS FILHOTES SAEM DOS OVOS E CORREM TODOS JUNTOS EM DIREÇÃO AO MAR!

SINTO-ME LIVRE
QUANDO NÃO HÁ REDES NA ÁGUA. NADO E PASSEIO PELOS MARES.

GRUPO: VERTEBRADO

CLASSIFICAÇÃO: RÉPTIL

ALIMENTAÇÃO: ALGAS, CRUSTÁCEOS, PLANTAS AQUÁTICAS E PEIXES

TAMANHO: ATÉ 2 M

PESO: ATÉ 750 KG

HÁBITAT: EM ÁGUAS COSTEIRAS, ILHAS E BAÍAS

arara-azul

SOMOS ANIMAIS MONOGÂMICOS, PERMANECEMOS UNIDOS COM O MESMO PAR A VIDA TODA! VIVEMOS EM SOCIEDADE E PODEMOS SER VISTAS EM GRANDES GRUPOS EM BUSCA DE ALIMENTO. NO FINAL DA TARDE, NOS REUNIMOS PARA DORMIR EM ÁRVORES CHAMADAS DE DORMITÓRIOS!

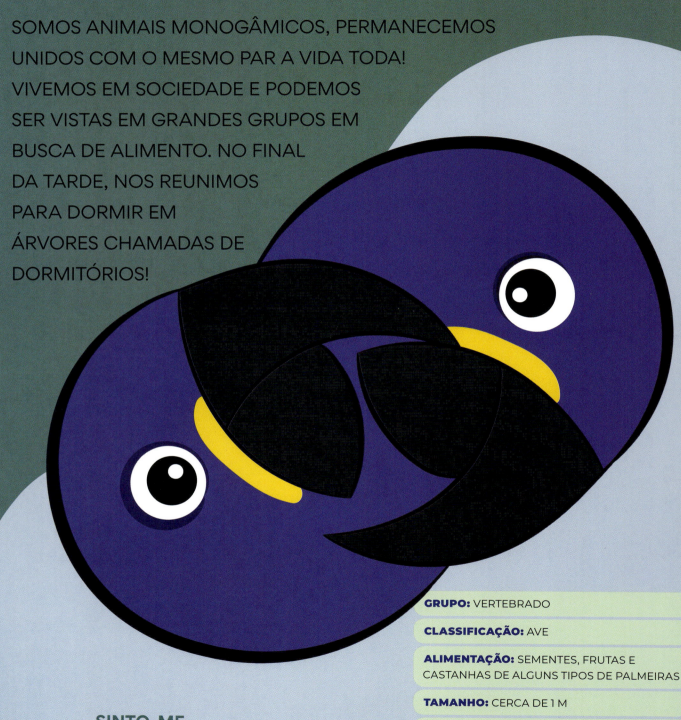

SINTO-ME AMADA QUANDO ESTOU ABRAÇADA COM TODOS SEM AMEAÇAS DE PREDADORES.

GRUPO: VERTEBRADO

CLASSIFICAÇÃO: AVE

ALIMENTAÇÃO: SEMENTES, FRUTAS E CASTANHAS DE ALGUNS TIPOS DE PALMEIRAS

TAMANHO: CERCA DE 1 M

PESO: CERCA DE 1,3 KG

HÁBITAT: NAS FLORESTAS TROPICAIS DA AMAZÔNIA, DO PANTANAL E DA MATA ATLÂNTICA

SINTO-ME PROTEGIDO QUANDO ESTOU COM A MINHA FAMÍLIA ABRIGADO PELA MATA.

mico-leão--dourado

NA MAIORIA DAS VEZES, TENHO FILHOTES GÊMEOS! DURANTE AS TRÊS PRIMEIRAS SEMANAS, OS FILHOTES FICAM GRUDADOS NO COLO DA MAMÃE. DEPOIS DISSO, FICAM PENDURADOS NO COLO DO PAPAI. TODOS OS ADULTOS DO GRUPO AJUDAM NA ALIMENTAÇÃO E PROTEÇÃO DOS BEBÊS.

GRUPO: VERTEBRADO
CLASSIFICAÇÃO: MAMÍFERO
ALIMENTAÇÃO: INSETOS, NÉCTAR E FRUTOS
TAMANHO: CERCA DE 30 CM
PESO: ATÉ 800 G
HÁBITAT: NAS FLORESTAS DA MATA ATLÂNTICA DO RIO DE JANEIRO

tamanduá--bandeira

**SINTO-ME
MOTIVADO**
QUANDO TUDO ESTÁ
DANDO CERTO. VAMOS
SALVAR OS BICHOS!

CONSIGO COMER 30 MIL FORMIGAS E CUPINS POR DIA. TENHO A BOCA PEQUENA E NÃO TENHO DENTES. NO ENTANTO, MINHA LÍNGUA É MUITO COMPRIDA E PEGAJOSA. QUANDO ENCONTRO UM FORMIGUEIRO, USO MINHAS GARRAS PARA CAVAR O CHÃO. DEPOIS COLOCO A MINHA ENORME LÍNGUA NO BURACO PEGANDO MUITAS FORMIGAS DE UMA VEZ SÓ!

- **GRUPO:** VERTEBRADO
- **CLASSIFICAÇÃO:** MAMÍFERO
- **ALIMENTAÇÃO:** FORMIGAS E CUPINS
- **TAMANHO:** CERCA DE 1,3 M
- **PESO:** CERCA DE 45 KG
- **HÁBITAT:** NAS FLORESTAS TROPICAIS, NA CAATINGA E NO CERRADO

caranguejo-violinista

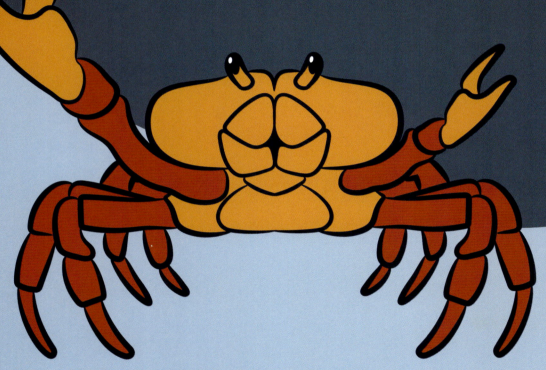

SINTO-ME ANIMADO QUANDO UM TRABALHO FICA MUITO BOM. LIMPAMOS TODO O LIXO DA PRAIA!

MEU NOME CIENTÍFICO É UCA E SOU DO TAMANHO DE UM POLEGAR! GOSTO DE VIVER EM BANDO, POR ISSO, EU E MEUS IRMÃOS FORMAMOS IMENSAS COLÔNIAS EM PRAIAS E MANGUES. CAVAMOS PROFUNDAS TOCAS QUE SERVEM DE ABRIGO DURANTE A MARÉ ALTA. QUANDO A MARÉ BAIXA, SAÍMOS PARA NOS ALIMENTAR. VEJA QUE TERRÍVEL GARRA OS MACHOS TÊM!

GRUPO: INVERTEBRADOS

CLASSIFICAÇÃO: ARTRÓPODE - CRUSTÁCEO

ALIMENTAÇÃO: BASICAMENTE BACTÉRIAS, ALGAS AZUIS

TAMANHO: CERCA DE 3 CM

HÁBITAT: NOS MAGUEZAIS E ZONAS ENTRE MARÉS DE CLIMA TROPICAL E SUBTROPICAL

bicho-preguiça

CONSIGO DORMIR ATÉ 20 HORAS POR DIA. QUANDO ACORDO, ME MOVIMENTO MUITO LENTAMENTE. POR ISSO, SOU CHAMADO DE BICHO-PREGUIÇA. VIVO NA COPA DAS ÁRVORES COMENDO FOLHAS. SÓ DESÇO AO CHÃO PARA MUDAR DE ÁRVORE OU PARA IR AO BANHEIRO. E ISSO SÓ ACONTECE UMA VEZ POR SEMANA!

SINTO-ME RELAXADO QUANDO ESTOU NO MEU GALHO PREFERIDO.

- **GRUPO:** VERTEBRADO
- **CLASSIFICAÇÃO:** MAMÍFERO
- **ALIMENTAÇÃO:** FOLHAS, FRUTOS E BROTOS
- **TAMANHO:** CERCA DE 60 CM
- **PESO:** CERCA DE 4 KG
- **HÁBITAT:** NAS FLORESTAS TROPICAIS DA MATA ATLÂNTICA E DA FLORESTA AMAZÔNICA

boto-cor-de-rosa

VIVO NOS RIOS DA FLORESTA AMAZÔNICA. TENHO UM CORPO MUITO FLEXÍVEL E, POR ISSO, SOU MUITO ÁGIL. COM MANOBRAS RÁPIDAS, DESVIO DE TRONCOS E GALHOS CAÍDOS NA ÁGUA.
SOU CAPAZ DE LOCALIZAR OBJETOS E DE ME ORIENTAR UTILIZANDO O SOM E O ECO. ESSA HABILIDADE É CHAMADA DE ECOLOCALIZAÇÃO.

SINTO-ME FELIZ QUANDO ESTOU BRINCANDO NO CORAÇÃO DA FLORESTA COM MEUS AMIGOS!

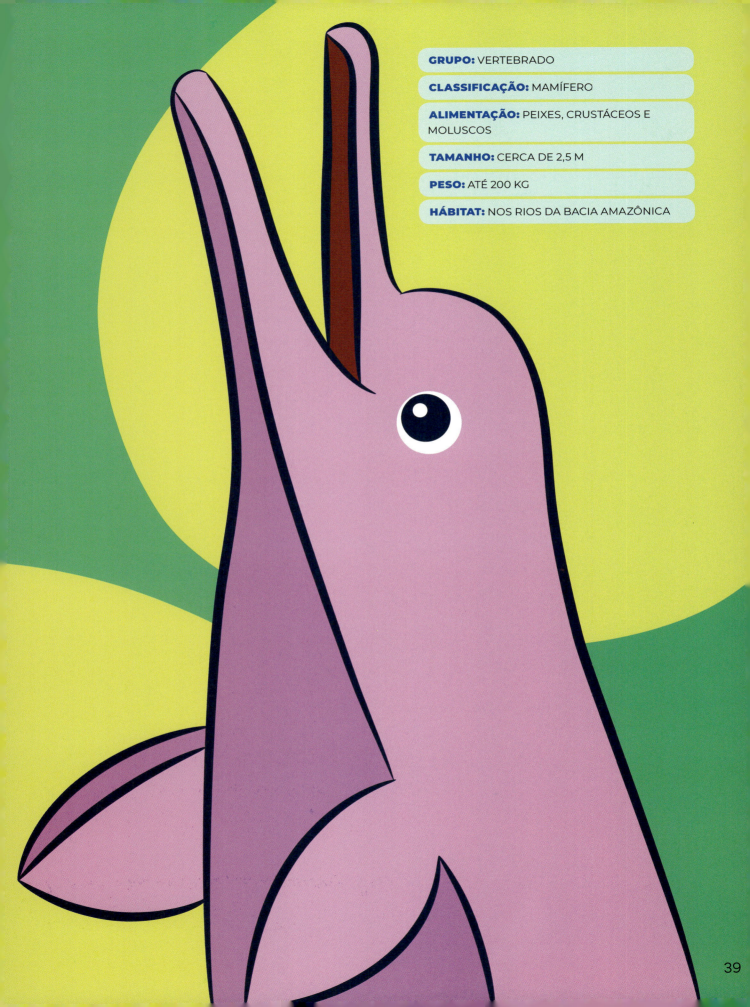

GRUPO: VERTEBRADO

CLASSIFICAÇÃO: MAMÍFERO

ALIMENTAÇÃO: PEIXES, CRUSTÁCEOS E MOLUSCOS

TAMANHO: CERCA DE 2,5 M

PESO: ATÉ 200 KG

HÁBITAT: NOS RIOS DA BACIA AMAZÔNICA

Salve, o bicho brasileiro!

COMO SÃO INCRÍVEIS OS BICHOS QUE VIVEM NO BRASIL.
ALGUNS GOSTAM DE CORRER, PULAR E GRITAR.
OUTROS PREFEREM NADAR, VOAR E CANTAR.
TEM BICHO EM TODO LUGAR. NO ALTO DAS ÁRVORES,
EMBAIXO DA TERRA, NA BEIRA DOS RIOS OU
NADANDO NO MAR.
CADA PEDACINHO DA FLORESTA É UMA CASA,
E ALGUM BICHO MORA LÁ. AGORA SABEMOS
COMO É IMPORTANTE CUIDAR E PRESERVAR.

NÃO QUEREMOS MAIS BICHOS DESCONFIADOS POR SEREM CAÇADOS. TRISTES PELO LIXO NOS RIOS. ASSUSTADOS PELO DESMATAMENTO.
QUEREMOS BICHOS LIVRES E ANIMADOS. CORAJOSOS E FORTES EM BUSCA DE ALIMENTO. FELIZES, EM CASA E PROTEGIDOS PELA NATUREZA!

Afinal, bicho sente como a gente.

ANSIOSO O QUE VAI ACONTECER? 	 **ASSUSTADO** O QUE É AQUILO?	**ENROLADO** NÃO CONSIGO RESOLVER. 
IRRITADO PARA COM ISSO! 	 **APAVORADO** ESTÁ CHEGANDO A HORA.	 **ZANGADO** ME DEIXA EM PAZ!
 **ENVERGONHADO** NÃO TEM NINGUÉM QUE EU CONHEÇO AQUI.	**EMBURRADO** NÃO POSSO SAIR DAQUI. 	 **DOENTE** PRECISO DESCANSAR.
 **FORTE** EU CONSIGO FAZER!	**CONCENTRADO** LOGO ACABO ESSA TAREFA. 	 **CORAJOSO** VOU DESCOBRIR COMO FAZ
 **MOTIVADO** QUERO APRENDER MAIS.	**ANIMADO** ISSO FICOU MUITO BOM! 	 **RELAXADO** SÓ APRECIANDO A VISTA.

MEDROSO
NÃO GOSTO DE FICAR SOZINHO NO ESCURO.

DESCONFIADO
VÃO ME PEGAR?

FRUSTRADO
NÃO ERA BEM ISSO...

INVEJOSO
EU NÃO GANHEI...

RAIVOSO
ESTOU NO MEU LIMITE!

HISTÉRICO
NÃO AGUENTO MAIS!

CHATEADO
NÃO CONSIGO ENCONTRAR...

DEPRIMIDO
SINTO UM VAZIO ENORME.

TRISTE
COM VONTADE DE CHORAR.

LIVRE
PASSEANDO POR AÍ.

AMADO
UM ABRAÇO APERTADO.

PROTEGIDO
MINHA FAMÍLIA É TUDO.

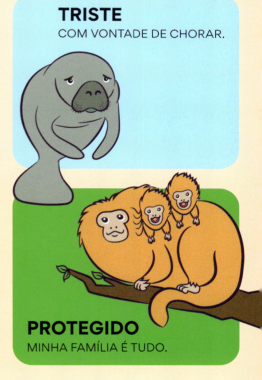

FELIZ
BRINCANDO COM AMIGOS!

Emocionário dos bichos

43

Ciclo das emoções

RAIVOSO

ANSIOSO

OS SENTIMENTOS QUE FAZEM PARTE DO GRUPO VERMELHO PEDEM UMA PAUSA IMEDIATA. RESPIRAR FUNDO E MUDAR DE AMBIENTE PODEM AJUDAR. SÃO ELES: **IRRITADO, APAVORADO, ZANGADO, INVEJOSO, RAIVOSO** OU **HISTÉRICO**.

OS SENTIMENTOS QUE FAZEM PARTE DO GRUPO AMARELO REPRESENTAM UM ESTADO DE ATENÇÃO E ALERTA. CUIDADO PARA NÃO EXPLODIR! SÃO ELES: **ANSIOSO, ASSUSTADO, ENROLADO, MEDROSO, DESCONFIADO** OU **FRUSTRADO**.

OS SENTIMENTOS NO EMOCIONÁRIO DOS ANIMAIS FORAM DIVIDIDOS EM 4 GRANDES GRUPOS DE COR: **AMARELO**, **VERMELHO**, **AZUL** E **VERDE**. VAMOS ENTENDER O QUE CADA GRUPO REPRESENTA?

TRISTE

FELIZ

OS SENTIMENTOS QUE FAZEM PARTE DO GRUPO AZUL ALERTAM PARA UM DESCONFORTO NO CORPO, INCLUSIVE NO E CORAÇÃO, QUE TAL CONVERSAR OU DESCANSAR UM POUCO? SÃO ELES: **ENVERGONHADO, EMBURRADO, DOENTE, CHATEADO, DEPRIMIDO** OU **TRISTE**.

OS SENTIMENTOS QUE FAZEM PARTE DO GRUPO VERDE INDICAM QUE ESTAMOS PRONTOS PARA SEGUIR EM FRENTE E AJUDAR OS COLEGAS! SÃO ELES: **FORTE, CONCENTRADO, CORAJOSO, LIVRE, AMADO, PROTEGIDO, MOTIVADO, ANIMADO, RELAXADO** OU **FELIZ**.

AOS FAMILIARES, AMIGOS E EDUCADORES

NESTA OBRA APRESENTAMOS ALGUNS DOS ANIMAIS QUE FAZEM PARTE DA FAUNA BRASILEIRA E COMO SE RELACIONAM COM O HÁBITAT EM QUE VIVEM. ENFATIZAMOS A IMPORTÂNCIA DA PRESERVAÇÃO E DO RESPEITO À NATUREZA. O DESEQUILÍBRIO ECOLÓGICO, CAUSADO PELO DESMATAMENTO, A POLUIÇÃO E OUTRAS AÇÕES PREDATÓRIAS, PROVOCA, ALÉM DA EXTINÇÃO, UMA ALTERAÇÃO NO COMPORTAMENTO DAS ESPÉCIES.

ASSIM COMO OS ANIMAIS, NOSSAS CRIANÇAS VÊM SOFRENDO CADA VEZ MAIS COM PROBLEMAS DE ANSIEDADE E DEPRESSÃO. ESTAMOS TODOS EM DESARMONIA COM A NATUREZA E AS CONSEQUÊNCIAS NÃO SÃO APENAS CLIMÁTICAS.

O EMOCIONÁRIO DOS ANIMAIS É UMA FERRAMENTA QUE PODE AUXILIAR AS CRIANÇAS NO RECONHECIMENTO DOS SEUS SENTIMENTOS E NO DESENVOLVIMENTO DAS HABILIDADES SOCIOEMOCIONAIS.

NOMEAR AS EMOÇÕES É O PRIMEIRO PASSO PARA AS CRIANÇAS DESENVOLVEREM O AUTOCONHECIMENTO E O AUTOCONTROLE.

O AGRUPAMENTO EM CORES AUXILIA TANTO NA IDENTIFICAÇÃO DOS SENTIMENTOS COMO NA COMPREENSÃO DO CICLO DAS EMOÇÕES.

MARTHA BEVILACQUA

NASCEU EM STANFORD, NA CALIFÓRNIA (EUA), CRESCEU NO RIO DE JANEIRO E ATUALMENTE VIVE EM SÃO PAULO. É FORMADA EM COMUNICAÇÃO SOCIAL PELA PUC/RJ E MESTRE EM COMUNICAÇÃO INTERATIVA PELA NEW YORK UNIVERSITY.

PIONEIRA NO MERCADO DIGITAL BRASILEIRO, TRABALHOU EM DIVERSAS *STARTUPS* E GERENCIOU EQUIPES NA AMÉRICA LATINA, NOS ESTADOS UNIDOS E NA EUROPA.

FUNDOU A SMARTKIDS, UM DOS PRIMEIROS SITES BRASILEIROS VOLTADOS PARA O PÚBLICO INFANTIL, POR MEIO DO QUAL LANÇOU DIVERSOS LIVROS E APLICATIVOS PARADIDÁTICOS.

ARQUIVO PESSOAL

UMA OBRA É SEMPRE UM PROJETO CRIATIVO COLETIVO QUE NASCE DA MISTURA DE DIFERENTES SABERES. MEUS AGRADECIMENTOS AOS CONSELHOS DE RITA SAWAYA, AOS TRAÇOS DE SOFIA IERVOLINO, ÀS PALAVRAS DE CAROLINA CESPEDES, À CONFIANÇA DA MINHA EDITORA KARINE PANSA, AO TALENTO GRÁFICO DE JULIANA FREITAS E AO SENSÍVEL OLHAR DE FERNANDA ARANTES.